CAHIER V.*)

Exercices des doigts à la première position.

Demi-ton: 1. au 2ième doigt.
Cet exercice doit se jouer des six manières suivantes.

Translated and Edited by H. Brett.

Part V*)

Finger-exercises in the 1st position

1.

Semitone: 1.- 2. finger.
Practise this exercise in the six following ways:

Se... ...tto.
Studi... ...ercizio nelle sei
manie... seguenti.

*) En même temps que ces exercices, l'élève jouera la 2ième partie dans toutes les 79 Mélodies.

**) Laisser tomber les doigts fortement et également sur les cordes.

*) Contemporary with these exercises the pupil should play the lower part in all the preceding 79 melodies.

**) The finger to be let fall on the string with force and with equality.

*) Insieme con questi esercizi l'alunno deve studiare la parte inferiore delle 79 melodie precedenti.

**) Battere il dito sulla corda con forza ed eguaglianza.

Copyright MCMVI by Bosworth & Co. Ltd.

B. & Co. Ltd. 19565/5

5

2.

Demi-ton: 2-3ième doigt. *Semitone: 2.-3. finger.* *Semitono: dal 2.º al 3.ª dito.*

3.

Demi-ton: 0-1., 3-4ième doigt.   *Semitones: 0-1., 3.-4. finger.*   *Semitono: dalla corda vuota
al 1.º dito, e dal 3.º al 4.º dito.*

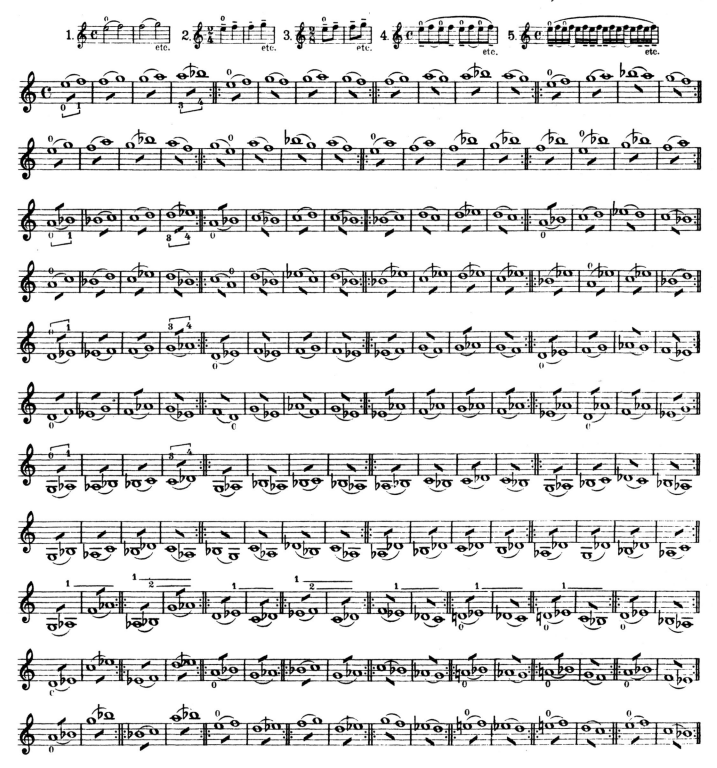

4

Accidents. | *Accidentals.* | *Accidenti.*

Gammes chromatiques. | *Chromatic scale.* | *Scale cromatiche.*

5.

Gammes.   *Scales.*   *Scale.*

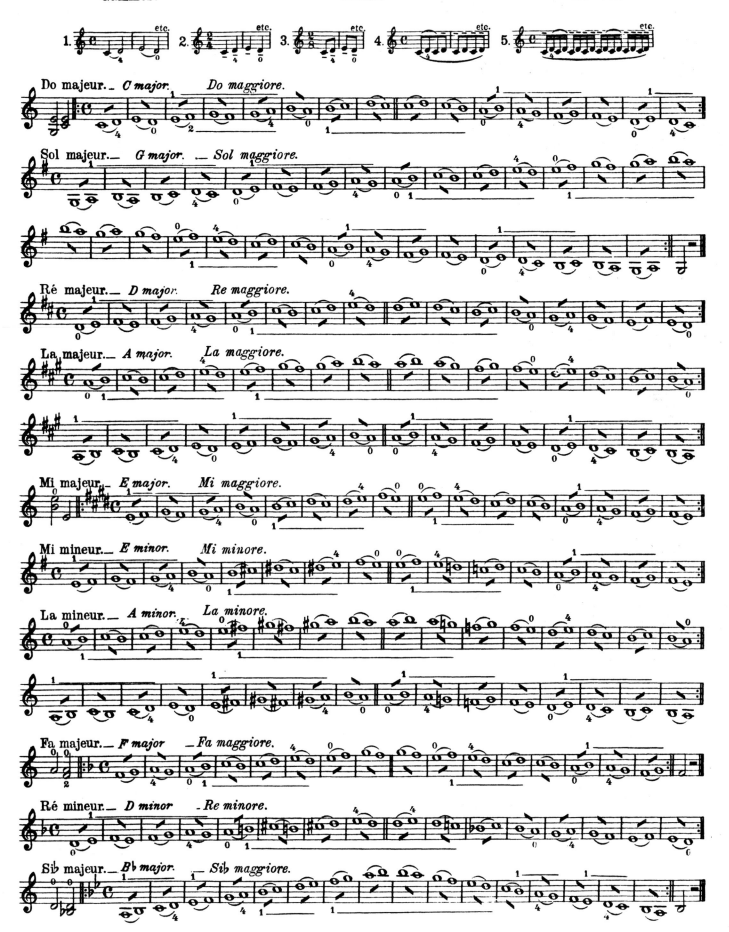

6.

Accords majeurs.   *Major triads.*   *Accordi perfetti maggiori.*

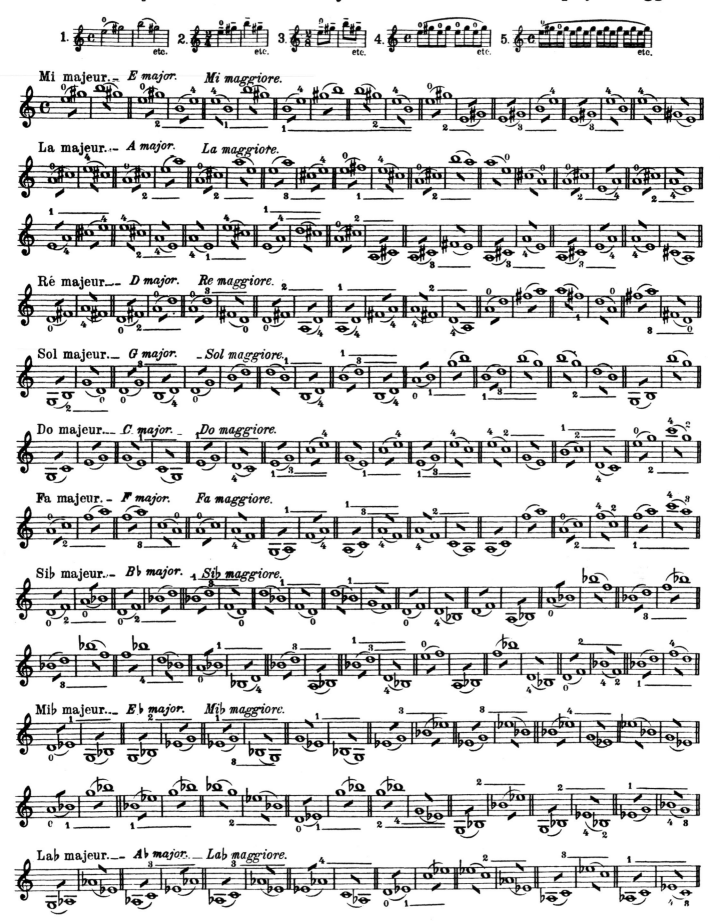

Mi majeur. — *E major.*   *Mi maggiore.*

La majeur. — *A major.*   *La maggiore.*

Ré majeur. — *D major.*   *Re maggiore.*

Sol majeur. — *G major.*   *Sol maggiore.*

Do majeur. — *C major.*   *Do maggiore.*

Fa majeur. — *F major.*   *Fa maggiore.*

Sib majeur. — *Bb major.*   *Sib maggiore.*

Mib majeur. — *Eb major.*   *Mib maggiore.*

Lab majeur. — *Ab major.* — *Lab maggiore.*

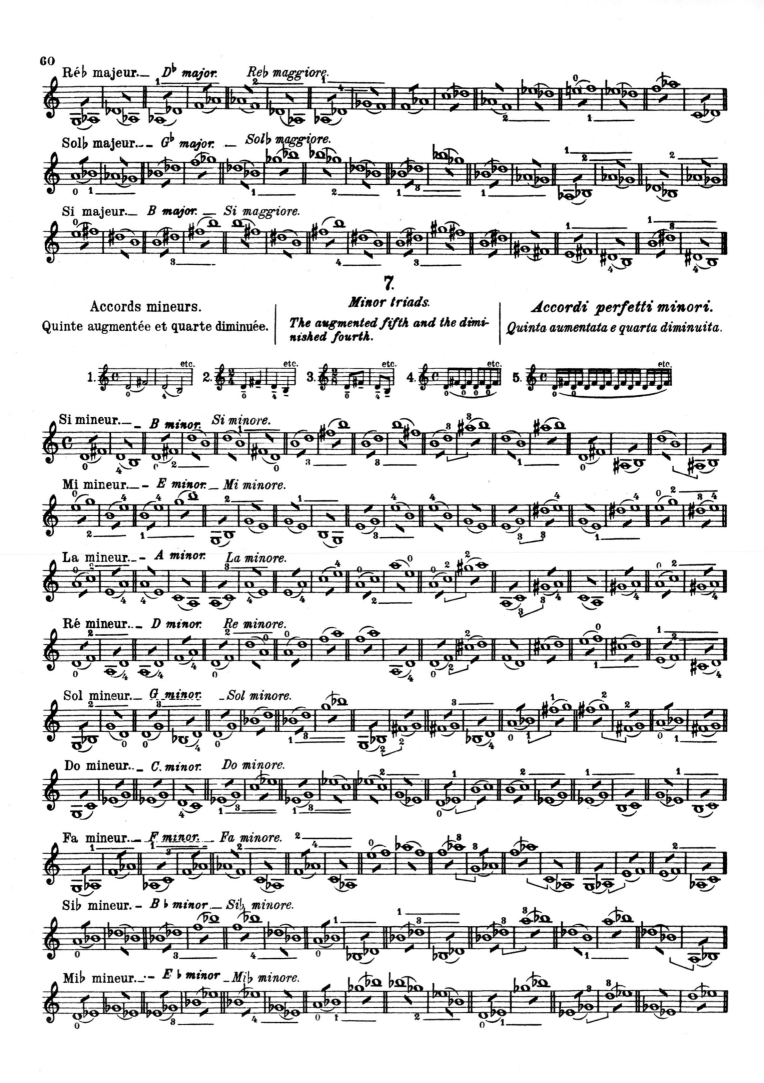

60

Réb majeur. — *D♭ major.* — *Reb maggiore.*

Solb majeur. — *G♭ major.* — *Solb maggiore.*

Si majeur. — *B major.* — *Si maggiore.*

7.

Accords mineurs.	Minor triads.	Accordi perfetti minori.
Quinte augmentée et quarte diminuée.	The augmented fifth and the diminished fourth.	Quinta aumentata e quarta diminuita.

Si mineur. — *B minor.* — *Si minore.*

Mi mineur. — *E minor.* — *Mi minore.*

La mineur. — *A minor.* — *La minore.*

Ré mineur. — *D minor.* — *Re minore.*

Sol mineur. — *G minor.* — *Sol minore.*

Do mineur. — *C minor.* — *Do minore.*

Fa mineur. — *F minor.* — *Fa minore.*

Sib mineur. — *B♭ minor.* — *Sib minore.*

Mib mineur. — *E♭ minor.* — *Mib minore.*

Lab mineur. — *Ab minor.* *Lab minore.*

Do# mineur. — *C# minor.* *Do# minore.*

Fa# mineur. — *F# minor.* — *Fa# minore.*

8.

Accords dans tous les tons
majeurs et mineurs.

*The triad in all major and
minor keys.*

*L'accordo perfetto in tutti i
toni maggiori e minori.*

9.

| Gammes mineures harmoniques. | Harmonic minor scales. | Scale minori armoniche. |
| Seconde augmentée. | The augmented second. | Seconda aumentata. |

Mi mineur. _ E minor. _ Mi minore.

La mineur. _ A minor. _ La minore.

Ré mineur. _ D minor. _ Re minore.

Sol mineur. _ G minor. _ Sol minore.

Do mineur. _ C minor. _ Do minore.

Fa mineur. _ F minor. _ Fa minore.   Sib mineur. _ Bb minor. _ Sib minore.

Mib mineur. _ Eb minor. _ Mib minore.

Lab mineur. _ Ab minor. _ Lab minore.   Sol# mineur. _ G# minor. _ Sol# minore.

Do# mineur. _ C# minor. _ Do# minore.   Fa# mineur. _ F# minor. _ Fa# minore.

Si mineur. _ B minor. _ Si minore.

10.

Accord de septième du 5ème degré.
Quinte diminuée et quarte augmentee.

Cord of the seventh of the 5th degree.
The diminished fifth and the augmented fourth.

Accordo di settima di dominante.
Quinta diminuita e quarta aumentata.

64

11.

Extension du 4ième doigt. *Extension of the 4th finger.* Estensione del 4.º dito.

Printed in Great Britain
7/09 (170322)